JUAN DELGADO

Susurros en el hueco

Contents

I

Part One

A finales del siglo 1880, Hollow Creek era una ciudad floreciente donde la prosperidad se lograba a través de un oscuro pacto con una antigua entidad que residía dentro de Hallow Woods. Los fundadores de la ciudad prometieron a la entidad sacrificios a cambio de riqueza y éxito. Este siniestro trato se convirtió en un secreto celosamente guardado.

Capitulo 1

Sarah Collins regresa a Hollow Creek impulsada por la misteriosa desaparición de su padre, David Collins, quien desapareció hace años mientras investigaba Hollow Woods. Sarah, ahora investigadora, espera descubrir la verdad detrás de su desaparición. Su madre, Helen Collins, vive en un pueblo cercano y está profundamente preocupada por la decisión de Sarah, pero comprende su necesidad de cerrar la situación.

La llegada de Sarah genera sospechas por parte de la gente del pueblo, incluido el sheriff Eli Cooper, que teme provocar viejos problemas. Se hace amiga de Tom Greene, un historiador local, quien acepta a regañadientes ayudarla después de ver su determinación.

Capitulo 2

Sarah y Tom comienzan su investigación en la biblioteca de la ciudad, donde encuentran diarios y registros antiguos que detallan la oscura historia de la ciudad. Maggie Wright, una residente anciana, comparte a regañadientes sus conocimientos sobre el bosque maldito y la entidad que reside en su interior. Ella describe cómo el bosque atrae a la gente con inquietantes susurros y visiones de seres queridos perdidos.

Capitulo 3

A pesar de las advertencias de los lugareños, incluida Jessica Porter, una periodista local que siente curiosidad pero es cautelosa acerca de la investigación, Sarah y Tom se aventuran en Hollow Woods. Experimentan fenómenos inquietantes: susurros espeluznantes, apariciones fantasmales y una sensación abrumadora de temor.

Durante su exploración, descubren un antiguo altar en lo profundo del bosque, lo que confirma los cuentos de Maggie. El altar parece palpitar con energía oscura y Sarah se da cuenta de que podría ser la clave para comprender la maldición.

Capitulo 4

De regreso a la ciudad, Victor Blackwood, descendiente de los fundadores y figura rica de Hollow Creek, se entera de la investigación de Sarah. Intenta intimidarla para que se vaya, revelando su miedo a exponer el oscuro secreto de la ciudad. Mientras tanto, Claire Thompson, amiga de la infancia de Sarah, le ofrece su apoyo y le advierte del peligro.

La investigación de Sarah y Tom descubre que David Collins fue visto por última vez cerca del altar. Su desaparición fue resultado del creciente poder de la entidad, que exigía más sacrificios para sostener su influencia.

Capitulo 5

A medida que Sarah y Tom profundizan, se dan cuenta de que la maldición está en el altar, y la única manera de romperla es en el altar, y la única manera de romperla es destruir el altar y liberar a las almas atrapadas. Regresan al bosque para enfrentarse a la entidad, que se manifiesta como una figura de pesadilla que se alimenta de sus miedos.

El enfrentamiento es intenso. La entidad utiliza ilusiones para manipular a Sarah y Tom, obligándolos a enfrentar sus miedos más profundos. La determinación de Sarah se pone a prueba cuando se enfrenta a la entidad y se da cuenta de que debe sacrificarse para romper la maldición.

Capitulo 6

En un clímax dramático, Sarah destruye el altar, rompiendo el control de la entidad sobre el bosque. La ira de la entidad es feroz, pero el sacrificio de Sarah finalmente acaba con el poder de la entidad, pero su acto de valentía libera las almas atrapadas y libera a la ciudad de su oscura influencia.

Capitulo 7

Con la maldición rota, Hallow Woods se calma y los inquietantes susurros se desvanecen. Hollow Creek comienza a recuperarse y el bosque que alguna vez estuvo silencioso ahora se erige como un lugar de paz. El sacrificio de Sarah se recuerda como un acto heroico que salvó al pueblo. Tom continúa honrando su memoria y su historia se convierte en un símbolo de esperanza y redención para las generaciones futuras.

II

Part Two

III

Part Three

IV

Part Four

V

Part Five

VI

Part Six

VII

Part Seven

VIII

Part Eight

IX

Part Nine

X

Part Ten

XI

Part Eleven

XII

Part Twelve

XIII

Part Thirteen

XIV

Part Fourteen

XV

Part Fifteen

XVI

Part Sixteen

XVII

Part Seventeen

XVIII

Part Eighteen

XIX

Part Nineteen

XX

Part Twenty

XXI

Part Twenty One

XXII

Part Twenty Two

XXIII

Part Twenty Three

XXIV

Part Twenty Four

XXV

Part Twenty Five

XXVI

Part Twenty Six

XXVII

Part Twenty Seven

XXVIII

Part Twenty Eight

XXIX

Part Twenty Nine

XXX

Part Thirty

XXXI

Part Thirty One

XXXII

Part Thirty Two

XXXIII

Part Thirty Three

XXXIV

Part Thirty Four

XXXV

Part Thirty Five

XXXVI

Part Thirty Six

XXXVII

Part Thirty Seven

XXXVIII

Part Thirty Eight

XXXIX

Part Thirty Nine

XL

Part Forty

XLI

Part Forty One

XLII

Part Forty Two

XLIII

Part Forty Three

XLIV

Part Forty Four

XLV

Part Forty Five

XLVI

Part Forty Six

XLVII

Part Forty Seven

XLVIII

Part Forty Eight

XLIX

Part Forty Nine